AF214731

Datenschutz
Schulung für Mitarbeiter

UNTERWEISEN · SENSIBILISIEREN · SCHULEN

Datenschutzgrundverordnung und
Bundesdatenschutzgesetz für
Unternehmen und Vereine

Bilder:
Cover: ©YAKOBCHUK VIACHESLAV/shutterstock.com
Seite 07: ©Ivan Marc/shutterstock.com
Seite 11: ©everything possible/shutterstock.com
Seite 13: ©Von Blue Planet Studio/shutterstock.com
Seite 15: ©sdecoret/shutterstock.com
Seite 16: ©Yuriy Vlasenko /shutterstock.com
Seite 17: ©Monster Ztudio/shutterstock.com
Seite 19: ©SFIO CRACHO /shutterstock.com
Seite 23: ©Jirapong Manustrong/shutterstock.com
Seite 27: ©photoschmidt/shutterstock.com
Seite 30: ©Monkey Business Images/shutterstock.com
Seite 31: ©SFIO CRACHO/shutterstock.com
Seite 32: ©pdsci/shutterstock.com
Seite 33: ©Atstock Productions /shutterstock.com
Seite 38: ©blurAZ/shutterstock.com
Seite 40: ©Gorodenkoff/shutterstock.com
Seite 42: ©Dmitry Kalinovsky/shutterstock.com
Seite 44: ©Jirsak /shutterstock.com
Seite 45: ©wk1003mike /shutterstock.com
Seite 46: ©GaudiLab/shutterstock.com
Seite:48 ©NikVector/shutterstock.com
Seite 50: ©Studio Romantic /shutterstock.com

PETZKA VERLAG

Autor:
Patrick Petzka

DATAING

DATAING GmbH
Trostberger Str. 24
83301 Traunreut
www.dataing.org

ISBN: 978-3-96111-809-0

Erstauflage 2018

Printed in Germany
WIRmachenDRUCK GmbH
Mühlbachstr. 7
71522 Backnangl

Versand und Vertrieb durch
Nova MD GmbH
Raiffeisenstraße 4
83377 Vachendorf

ARBEITS
& LERNTEIL

Vorwort
Beweggründe für das Buch

Im Zuge der EU-Datenschutzgrundverordnung stießen viele Unternehmer, Vereinsvorstände, aber auch Mitarbeiter auf eine Wissenslücke, die möglichenfalls ein nicht mehr vernachlässigbares Strafmaß nach sich ziehen kann. Jeder Unternehmer sei daher wohl beraten, sich selbst, seine Führungskräfte, sowie seine Mitarbeiter über die geltenden Datenschutzbestimmungen und verbundenen Rechtsgegebenheiten aufzuklären und sie entsprechend zu unterweisen. Auf den folgenden Seiten ist es möglich, strukturiert und systematisch in der deutschlandweit geltenden Datenschutzrechtsmäßigkeit Fuß zu fassen, um Grundlagen für Beruf und Alltag zu erlangen. Mittels des angehängten Lern- bzw. Arbeitsteils ist eine Wissensprüfung geschaffen worden, um den Lernfortschritt des Bearbeiters/der Bearbeiterin nachweisen und auswerten zu können. Sollte Ihre Unternehmung detailreicher, umfänglicher Daten verarbeiten, so ist auf dem jeweiligen Teilgebiet fundierter und noch akribischer zu unterweisen. Mit der EU-Datenschutzgrundverordnung, im Folgeteil verwenden wir die Abkürzung DSGVO, wird vor allem die Rechtsgrundlage der Datenverarbeitung gesetzlich auf europäischer Ebene geregelt. Daraus ergeben sich beispielsweise die Rechte der Betroffenen oder die Pflichten der Verantwortlichen.

Autorenbeschreibung

Der Autor und Geschäftsführer der DATAING GmbH Patrick M. Petzka ist im Bereich Datenschutz erst im Zuge der Datenschutzgrundverordnung, kurz DSGVO, vermehrt tätig geworden. Noch als Student gründete er im Juni 2018 im Alter von nur 24 Jahren seine eigene GmbH, welche sich auf die Teilgebiete Datenschutz, Beratung und Projektmanagement, sowie Prozessanalyse spezialisiert hat.

Vor seiner akademischen Laufbahn absolvierte er zunächst bei der DR. JOHANNES HEIDENHAIN GmbH eine Lehre zum Mechatroniker, war in der metallverarbeitenden Fertigung tätig und wurde verstärkt für das Projekt MES- und Maschinendatenerfassung eingesetzt. Hierbei kam ihm insbesondere sein praxisorientiertes Wissen im Bereich Automatisierung, Elektrotechnik und Informatik sehr zu Gute, das den Projektablauf positiv beeinflussen und beschleunigen konnte. Im weiteren Verlauf des Projekts war er schließlich selbst an der Umsetzung bei der HEIDENHAIN-Tochter SEM Ltd. In Dartford, Großbritannien, maßgeblich beteiligt.

Nach erfolgreichem Abschluss des Projekts folgte eine Zeit der Orientierung, in der Patrick Petzka nach Absolvierung der Fachhochschulreife, den Anfängen seines Studiums in Innsbruck und dem Erlangen des Zertifikats „Ausbildung der Ausbilder" in das IT-Familienunternehmen seines Onkels einstieg. Mit dem kontinuierlichen Voranschreiten der Digitalisierung und dem stetig zunehmenden Technologieeinsatz steigt auch die Nachfrage an den Dienstleistungen der familiären Unternehmung. Dieses Potential und die Notwendigkeit eines Datenschutzbeauftragten bewegten Patrick schließlich zu dem Entschluss, neben seinem Studium und der Arbeit bei seinem Onkel, eine Ausbildungsreihe zum externen und betrieblichen Datenschutzbeauftragten nach DSGVO zu absolvieren.

„Trotz aller Chancen und Errungenschaften sollte man nie vergessen, wo man angefangen hat!"

Nach Abschluss der Ausbildungsreihe und seines Studienmoduls „Prozessmanagement & -analyse" am Management Center Innsbruck erhielt er zusätzlich von der Gesellschaft für Prozessmanagement mit Sitz in Wien, nach Abgabe einer schriftlichen Arbeit, eine Zertifizierung zum Process Analyst.

Fachgerecht ausgebildet startete Patrick Petzka zuerst noch über das Familienunternehmen die Beratung und Betreuung der ersten Datenschutzkunden. Anfang des Jahres 2018 kristallisierte sich jedoch ein immer rascher anwachsender Markt heraus, auf den Patrick Petzka noch professioneller und besser organisiert auftreten wollte. Aus diesem Grund traf

er schließlich die Entscheidung, die DATAING GmbH zu gründen und sich mittels Partnervereinbarungen und Verbandsmitgliedschaften auf dem Markt zu platzieren. Bereits kurz nach der Gründungsphase begrüßte die DATAING GmbH eine Vielzahl an Firmenkunden, welche vorrangig einen externen Datenschutzbeauftragten der DATAING GmbH buchten. Seit August ist Patrick M. Petzka nicht nur offizielles Mitglied des BvD´s, Berufsverband der Datenschutzbeauftragten Deutschlands e.V., sondern pflegt auch eine Mitgliedschaft bei der regional angesiedelten Wirtschaftsregion Chiemgau, die eine Grundeinstellung von Petzka teilt: „Trotz aller Chancen und Errungenschaften sollte man nie vergessen, wo man angefangen hat!".

Patrick Petzka Geschäftsführer DATAING GmbH

Geschichte
Ein kurzer Einblick ins Geschichtliche

1.) Elektronische Datenverarbeitung
2.) Volkszählungsurteil
3.) BDSG
4.) Europäische Datenschutzrichtlinien
5.) DSGVO & BDSG-neu
• ...

Mit der fortschreitenden technischen Entwicklung werden immer mehr Informationen digitalisiert. Diese sind stets abrufbar, verarbeitbar und auswertbar. Kann jene Information in Verbindung mit einem Individuum gebracht werden, so ist dessen eigenhändiges Tun und Sein Teil des Abrufens, der Verarbeitung oder der Auswertung – ein Eingriff in die Privatsphäre des Einzelnen liegt somit vor.

Der Bedarf des Schutzes dieser Privatsphäre steigt rasch mittels der Vervielfältigung von Daten, der Weitergabe, sowie der Speicherung. Dieses Wachstum wird vor allem durch das Voranschreiten der Automatisierung, dem Technologieeinsatz, sowie der Digitalisierung ziemlich verstärkt und nahezu forciert.

Geschichtlich musste man spätestens nach dem Anwenden der elektronischen Datenverarbeitung eine rechtliche Bindung aufstellen, um die Welle von Informationen zu regulieren. Ein Meilenstein war 1983 das sog. Volkzählungsurteil des Bundesverfassungsgerichtes. Es erklärte das Recht auf informationelle Selbstbestimmung zum abgeleiteten Grundrecht. Man beschäftigte sich bereits in einigen Bundesländern mit der Datenschutzgesetzgebung und äußerte den Bedarf der Novellierung eines Bundesdatenschutzgesetzes. Nachdem die informationelle Selbstbestimmung beschlossene Sache war, war der Gesetzgeber gefordert, Maßnahmen zu ergreifen, um die diese Selbstbestimmung bei der Datenverarbeitung sicherzustellen. Daraufhin folgte eine Überarbeitung der Datenschutzgesetze der einzelnen Bundesländer und eine Erneuerung des Bundesdatenschutzgesetzes, kurz BDSG, Anfang der 1990er Jahre. In der Zwischenzeit bis zur Datenschutzgrundverordnung und der Neuauflage des BDSG´s kamen europaweit einige Richtlinien in Bezug auf Telekommunikation und Informationstechnologie. Mit dem Inkrafttreten der für jeden

„Der Bedarf des Schutzes dieser Privatsphäre steigt rasch..."

EU-Mitgliedsstaat verbindlichen DSGVO kamen zahlreiche Neuregelungen, welche ab 25.05.2016 gültig waren. Zudem beinhaltet die DSGVO einen zweijährigen Umsetzungszeitraum, welcher am 25.05.2018 endete. Zum 25.05.2018 konnte vermutlich jeder Einzelne eine Vielzahl an Emails in seinem Posteingang beobachten. Alle mit der gleichen Aussage: „Wir informieren Sie hiermit über unsere neuen Datenschutzbedingungen. Ihre (...)". Dies war der erste größere Aufschrei, bei dem das Recht des Einzelnen auf Information zur Geltung kam.

Datenschutz - Datensicherheit
Bedeutung und Unterschiede

Datenschutz §§ *Theorieansatz*
ist ein Grundrecht, welches jedem Einzelnen ermöglicht über seine Datenverarbeitung zu bestimmen. Ebenso ist bei dieser Verarbeitung ein Schutz der Persönlichkeitsrechte und der Privatsphäre zu gewährleisten.
Frage stellen: Was soll geschützt werden?

Datensicherheit *Praxisorientierung*
(Verschlüsselung, Virenschutz, Firewall, ...) umfasst die Maßnahmen, die getroffen werden, um Datenschutz zu gewährleisten bzw. ein gewisses Sicherheitslevel herstellen zu können.
Frage stellen: Wie gewährleiste ich es?

Zwischen Datenschutz und Datensicherheit ist klar zu unterscheiden. Einerseits schreiben Datenschutzgesetze bereits eine gewisse Datensicherheit, beispielsweise beim Surfen im Internet, vor. Andererseits kann jeder Einzelne seine Geräte zusätzlich vor missbräuchlichen Datenzugriffen und -entwendungen durch den Einsatz von Firewalls oder Virenschutzprogrammen schützen.

Relevante Datenarten
Welche Daten werden unterschieden

Daten
Sind definierbare und undefinierbare Informationen, die zur Darstellung und Beschreibung dienen. Daten sind beispielsweise Werte, Zeichen, Erhebungen aus Experimenten, Messungen, Beobachtungen oder Analysen.

Personenbezogene Daten
Datengut mit dem man Rückschluss auf ein Individuum ziehen kann. So gibt es zum einen direkt bestimmbare personenbezogene Daten und zum anderen indirekt bestimmbare.

Unter die direkt bestimmbaren personenbezogenen Daten fallen beispielsweise Name, Adresse, E-Mail-Adresse, Wohnort etc. Zu den indirekt bestimmbaren zählen Kundennummern, IP-Adressen, aber auch Arbeitszeiten, bei denen man über Arbeitsbeginn und -ende einen Personenbezug herstellen kann.

Sensible Daten

sind personenbezogene Daten von besonderer Kategorie. Diese Daten unterliegen einer besonderen Schutzbedürftigkeit und sind dementsprechend mit extrem hoher Sorgfalt handzuhaben.

Beispiele sind: Gesundheitsdaten, sexuelle Orientierung, genetische Daten, rassische und ethnische Herkunft, politische Einstellung, Gewerkschaftszugehörigkeit, Religion, biometrische Daten, wie Finderabdruck und Spracherkennung

Die Verarbeitung der sensiblen Daten bedarf gewisser rechtlicher Umstände oder einer Einwilligung des betroffenen Individuums.

Sehr wichtig:

Es ist egal in welcher Form die Daten abgespeichert werden. Es spielt keine Rolle, ob sie in digitaler Form am Computer oder in physischer Form in Akten vorliegen.

Rechtlicher Überblick
Geltende Rechtslage für deutsche Unternehmungen

Welche Rechtsvorschriften regeln den Datenschutz?

Das Datenschutzrecht der Bundesrepublik Deutschland ist in einer Vielzahl von Gesetzen geregelt. Diese Gesetze können in folgende Kategorien eingeteilt werden:

Bundesgesetz	**Landesgesetz**
Bundesdatenschutzgesetz	**Datenschutzgesetze der Länder**
Bereichsspezifische Datenschutzregelungen des Bundes	**Bereichsspezifische Datenschutzregelungen der Länder**

Welches Gesetz in den jeweiligen Fällen greift, ist zunächst davon abhängig, ob die Datenverarbeitung im öffentlichen oder privaten Bereich stattfindet.

Interessenabwägung

Die Datenschutzgrundverordnung
Beweggründe, Grundsätzliches und Verpflichtungen

Was steckt hinter der DSGVO?

Die Verarbeitung der personenbezogenen, sowie der sensiblen Daten soll durch die Unternehmungen selbst im Rahmen der DSGVO und der BDSG geregelt werden. Des Weiteren soll durch die neue rechtliche Grundlage der Missbrauch von Daten, wie beispielsweise Email-Adresshandel oder jegliche andere, nicht-zweckgebundene Tätigkeit, eingedämmt bzw. vollständig unterbunden werden.

Wer muss sie beachten?

Im Allgemeinen muss jede Unternehmung die DSGVO beachten. Darunter fallen auch Vereine, die beispielsweise Mitgliederverzeichnisse führen oder in jeglicher anderer Form personenbezogene Daten verwenden bzw. verarbeiten und auf europäischem Boden agieren. Dabei spielt es keine Rolle, ob sich der Hauptsitz außerhalb oder innerhalb der EU befindet. Im Grunde genommen ist jeder betroffen, der automatisiert (egal ob elektronisch oder handschriftlich) Daten verarbeitet.

Privatpersonen sind daher ausgenommen, da hierbei die Daten für familiäre und persönliche Zwecke verwendet werden.

Was bringt sie für den Einzelnen?

Jeder Einzelne hat mit der DSGVO festgeschriebene Rechte. Zum Beispiel hat man ein Recht darauf eine Auskunft über seine Daten zu erhalten, eine Löschung, eine Berichtigung oder ein Vergessenwerden zu beantragen. Darüber hinaus erhält man ein Widerspruchsrecht, kann eine Einschränkung bzw. Sperrung der Daten, sowie eine Datenportabilität einfordern. Letzteres vereinfacht beispielsweise einen Anbieterwechsel, da der ursprüngliche Anbieter dazu verpflichtet ist, dem neuen die benötigten Daten bereitzustellen.

Ist es europaweit einheitlich?

Nicht ganz zu 100%. Die DSGVO beinhaltet sogenannte Öffnungsklauseln, die es Mitgliedsstaaten erlauben, auf nationaler Ebene gesonderte Regelungen zu verabschieden. Zum Beispiel ist die Regelung mit der 10-Personen-Grenze zur Bestellung eines Datenschutzbeauftragten nicht in der DSGVO verankert, sondern im Bundesdatenschutzgesetz der Bundesrepublik Deutschland.

Was ist noch neu für Unternehmer?

Wie bereits zuvor aufgeführt sind die Unternehmen dazu verpflichtet, sich an die DSGVO zu halten und die Rechte des Einzelnen zu berücksichtigen und zu schützen. Außerdem unterliegen sie einer Dokumentationspflicht. Das bedeutet, dass beispielsweise ein Verzeichnis von Verarbeitungstätigkeiten geführt werden muss. Dieses Verzeichnis beinhaltet alle Fir-

> *„Im Allgemeinen muss jede Unternehmung die DSGVO beachten."*

menprozesse, in denen personenbezogene oder sensible Daten inbegriffen sind. Das Verzeichnis ist stets auf dem aktuellsten Stand zu halten und dient neben der eigenen Selbstkontrolle auch dazu, der Rechenschaftspflicht gerecht zu werden.

Grundsätze der Verarbeitung nach DSGVO:
- Treu und Glauben, Rechtmäßigkeit, Transparenz
- Zweckbindung
- Datenminimierung
- ...

Verarbeitung
Was ist Datenverarbeitung

Was ist Datenverarbeitung?

Allgemein versteht man unter dem Begriff die Verwendung von Daten. Dabei ist zu beachten, dass man bereits beim Erfassen oder Erheben von Daten von einer „Verwendung von Daten" spricht. Des Weiteren zählen dazu: das Speichern und Lagern, Sortieren und Verwalten, Abfragen oder Auslesen, Bereitstellen, Übermitteln, Verbreiten, Verknüpfen, Abändern, Korrigieren, sowie die Löschung und Zerstörung von Daten.

Natürlich spielt es auch in diesem Fall keine Rolle, ob die Daten in physischer oder elektronischer Form vorliegen.

Wann ist eine Verarbeitung rechtmäßig?

Eine rechtmäßige Verarbeitung bedeutet, dass man mit einer Rechtsgrundlage die Verarbeitung begründen kann.

Rechtmäßiges Verarbeiten findet unter anderem statt, bei:
- **Einwilligung des Betroffenen**

Dieser Tatbestand liegt beispielsweise bei einer Vertragserfüllung oder der Durchführung vorvertraglicher Maßnahmen vor, z. B. wenn für eine Bestellung eine Lieferung, Rechnung, Zahlung oder Reklamation erfolgen muss.

Sehr wichtig: In diesem Zuge dürfen Sie Ihrem Kunden keine Werbemails oder Newsletter zusenden. Für eine Weiterverarbeitung muss gesondert eine Einwilligung verlangt werden.

- **Lebensnotwendigkeit**

Befindet sich ein Mensch in Lebensgefahr, beispielsweise bei einem Autounfall und die Preisgabe seiner personenbezogenen Daten wirkt sich positiv auf den weiteren Verlauf aus, so ist eine Herausgabe der Daten rechtmäßig.

- **Gesetzlicher Verpflichtung**

Anonyme Daten oder öffentlich frei verfügbare Daten. Diese Daten darf man uneingeschränkt verarbeiten und beispielsweise auch zu Testzwecken verwenden.

Gibt es Daten, die nicht verarbeitet werden dürfen?

Sensible Daten dürfen grundsätzlich nicht verarbeitet werden. Nur im Ausnahmefall ist die Verarbeitung dieser Daten zulässig. Zum Beispiel dürfen sensible Daten verwendet werden, wenn eine Einwilligung der betroffenen Person vorliegt, die Verarbeitung zur Geltendmachung oder Abwehr von Rechtsansprüchen oder Anspruchsstellungen erforderlich ist. Allerdings bedarf die Verarbeitung sensibler Daten gewisser Umstände.

„Sensible Daten dürfen grundsätzlich nicht verarbeitet werden. "

Diese Umstände sind im Folgenden kurz zusammengefasst:

- Vorliegen einer ausdrücklichen Einwilligung der betroffenen Person
- Öffentliches Interesse
- Zum Schutz lebenswichtiger Interessen (Unfall, Krankheitsfall, Notfallsituation)
- Wahrnehmung von Rechten aus Arbeitsrecht oder sozialer Sicherheit
- Rechtsansprüche, richterliche Beschlussfassung, im Rahmen der justiziellen Tätigkeit
- betroffene Person hat die Daten offensichtlich öffentlich gemacht
- Verarbeitung ist auf der Grundlage des Unionsrechts oder des Rechts eines Mitgliedstaats
- Verarbeitung erfolgt auf der Grundlage geeigneter Garantien durch eine politisch, weltanschaulich, religiös oder gewerkschaftlich ausgerichtete Stiftung, Vereinigung oder sonstige Organisation ohne Gewinnerzielungsabsicht
- Verarbeitung ist für Zwecke der Gesundheitsvorsorge oder der Arbeitsmedizin, für die Beurteilung der Arbeitsfähigkeit des Beschäftigten, für die medizinische Diagnostik, ...

Jegliche Verarbeitung muss immer im Rahmen der ihr zugehörigen rechtlichen Grundlage erfolgen. Eine weitere Voraussetzung ist, dass sich die Verarbeitung ausschließlich auf die Kunden, Mitarbeiter, Mitglieder, etc. bezieht.

Kontrollformen
Wie wird die Einhaltung kontrolliert

Staat

Der deutsche Staat kontrolliert die Einhaltung der Gesetze, sowie den Datenverkehr durch staatliche Einrichtungen auf Landesebene. Die zuständige Stelle ist der zentrale Ansprechpartner für Datenschutzangelegenheiten. Nicht nur Datenschutzbeauftragte, sondern auch Betroffene, Unternehmer, Vereine usw. können sich jederzeit an die jeweilige Datenschutzbehörde wenden.

Unternehmen

Jedes Unternehmen muss sich selbst in der Pflicht sehen, die Datenschutzbestimmungen einzuhalten. Jeder Unternehmensführer ist dazu verpflichtet, den Datenschutz in seiner Unternehmung zu organisieren und die Voraussetzungen für die vorschriftsmäßige Verarbeitung personenbezogener Daten zu schaffen. Ebenso ist es seine Pflicht diese Daten gegen Verlust, Löschung und widerrechtlichem Zugriff zu sichern. Mit der auferlegten Dokumentationspflicht und dem inbegriffenen Verfahrensverzeichnis wurden Instrumente der Selbstkontrolle für jede Unternehmung geschaffen. Man ist dadurch angehalten, alle Firmenprozesse zu analysieren und sie zu aktualisieren. Das bedeutet, dass zum einen veraltete Prozesse und die damit verbundenen personenbezogenen Daten gelöscht werden. Zum anderen können nach einer Prozessanalyse die notwendigen technischen und organisatorischen Maßnahmen ergriffen werden, um den Datenschutz zu gewährleisten.

Betroffene

Auch betroffene Personen übernehmen eine Kontrollfunktion, da sie dazu verpflichtet sind, einen Verstoß gegen ihre Rechte, wie das auf Auskunft, Löschung, Berichtigung, Vergessenwerden, Widerspruchsrecht, Einschränkung bzw. Sperrung der Daten, sowie Datenportabilität, umgehend als Missbrauch bei der zuständigen Stelle anzeigen. Im Anschluss daran prüft die Datenschutzbehörde den Umstand und geht im Folgenden dem gemeldeten Sachverhalt nach.

Hinweis:
Stichprobenprüfungen wird es immer wieder geben!

Kontrollformen
Die zuständige Stelle

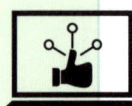

Zuständige Stelle

Der Landesbeauftragte für Datenschutz, das Landesamt für Datenschutz oder die Datenschutzaufsichtsbehörde, das alles sind Begriffe, die in aller Mund sind und synonym für die zuständige Stelle verwendet werden können, welche den Datenverkehr auf Landesebene, sowie die Einhaltung der Datenschutzregulierungen im nicht-öffentlichen Bereich überwacht. Jedes deutsche Bundesland hat eine eigens dafür ausgelegte staatliche Einrichtung. So ist beispielsweise die zuständige Stelle von Bayern in Ansbach. In Baden-Württemberg ist der Landesbeauftragte für Datenschutz und Informationsfreiheit in Stuttgart installiert worden. Neben der Aufgabe die Einhaltung der Datenschutzgesetze zu kontrollieren, kann die zuständige Stelle auch unzulässige Verfahren beanstanden, Bußgelder verhängen, sowie Strafanträge stellen.

Konsequenzen, Verstöße & Bußgelder

Gegebenheiten und Folgen eines Vergehens

Verstöße und Konsequenzen

Viele Unternehmer und Entscheider unterschätzen noch immer die möglichen Auswirkungen bei einem Datenmissbrauch. Vorbeugend wirkt sich natürlich eine fundierte Unterweisung der Mitarbeiter aus. Insbesondere die Angestellten sollten sorgfältig geschult werden, da diese in der Regel einen ständigen bzw. regelmäßigen Zugang zu personenbezogenen Daten haben und in der Verarbeitung dieser involviert sind. Ein gut unterwiesener Verarbeiter, der gewissenhaft mit den personenbezogenen Daten umgeht, ist die beste Vorbeugungsmaßnahme gegen Verstöße, Konsequenzen und mögliche Bußgelder. Des Weiteren wirkt sich die neu erlangte Arbeitsweise positiv auf das Meistern von Hürden auf dem Feld der Digitalisierung und Technologisierung aus und gewährt einem Mitarbeiter beispielsweise die Möglichkeit in zukunftsorientierten Projekten, wie der Industrie 4.0, fachgerecht fußzufassen.

Auch durch Mitarbeiter können Verletzungen des Datenschutzes verursacht werden. Berufsspezifisch haben Mitarbeiter Zugang zu verschiedene Daten, unabhängig davon, ob diese in Papier- oder elektronischer Form vorliegen. Natürlich kann auch am Arbeitsplatz

etwas schiefgehen und es ist nur menschlich, dass einem Fehler unterlaufen. Nichtsdestotrotz kann man vorbeugen und versuchen Fehler zu minimieren. So werden vorsätzliche Handlungen bei rechtswidriger Datenverarbeitung, die gegen Entgelt, zur Absicht der Schädigung oder Bereicherung angewendet werden, als Straftat eingestuft.

Ein Datenmissbrauch oder Missgeschick ist schnell passiert und kann auch passieren. Nur kann es im Fall des Falles ein Verfahren und ein hohes Bußgeld nach sich ziehen. Ein typisches Beispiel wäre die unbeabsichtigte Versendung eines falsch gesetzten Mailverteilers, in dem einzelne Empfängeradressen frei ersichtlich sind und jeder Adressat die Adressen der Mitlesenden erlangt.

Neben den finanziellen Konsequenzen, Ordnungswidrigkeiten und Schadenersatzpflichten kann es für Unternehmungen auch zu einer Schädigung von Kunden- und Partnerbeziehungen führen. So kann eine Vernachlässigung des Datenschutzes beim Auftragseingang von Auftraggebern, bei denen Datenschutzvorkehrungen getroffen und eingehalten werden, zu einem Auftragstop führen. Nötige personenbezogene Auftragsdaten werden nicht mehr zum Auf-

„Nichtsdestotrotz kann man vorbeugen und versuchen Fehler zu minimieren. "

tragnehmer übermittelt, da ein Risiko des Missbrauchs und somit die Wahrscheinlichkeit des Eintreffens möglicher Konsequenzen extrem erhöht ist. Im Falle einer Zustimmung des Auftragnehmers, dass die geforderten Datenschutzvorkehrungen getroffen werden, aber diese nicht vorhanden sind, wird der Auftragnehmer bei Verstößen zur Rechenschaft gezogen.

Die finanziellen Konsequenzen der DSGVO werden seit Beschlussfassung stark diskutiert. Noch vor der DSGVO wurden Bußgelder mit fixen Beträgen bis 50.000 € oder 300.000 € geahndet, was von vielen Großkonzernen gebilligt und in Kauf genommen wurde. Es kam so bewusst und vorsätzlich zu Rechtsverstößen, die beispielsweise auf dem Rücken des Einzelnen ausgetragen wurden. Bestes Beispiel dafür wäre der widerrechtliche Adresshandel, bei dem Internetanbieter personenbezogene Daten von Privatpersonen missbrauchen oder gar Handel damit betreiben, ohne darüber zu unterrichten und damit Gewinne erwirtschaften. Mit der DSGVO kamen mehr Rechte für den Einzelnen. Außerdem wurde widerrechtliches Handeln klar definiert und mit höheren Sanktionen verhängt.

Im Bundesdatenschutzgesetz, das in Deutschland greift, werden Verstöße nicht nur mit Bußgeldsummen, sondern auch mit Freiheitsstrafen von bis zu drei Jahren geahndet. Im neu aufgelegten BDSG können Bußgeldverstöße bis zu 50.000 € betragen. Im Vergleich zur Bußgeldvorschrift der DSGVO ist diese Summe verhältnismäßig niedrig. Nach der DSGVO können Verstöße, wie beispielsweise die Nichtbefolgung einer Anweisung der Aufsichtsbehörde, mit bis zu 20.000.000 € oder mit bis zu 4% des weltweit erzielten Vorjahresumsatzes betragen. Sollte es also zu einem sanktionierten Datenschutzverstoß kommen, werden alle Umsätze weltweit mit denen der Tochterunternehmen zu Rate gezogen.

Hinweis:

Lassen Sie auch Imageschäden nicht unbeabsichtigt. Entscheiden sich Bewerber für oder gegen ein Unternehmen in dem Datenschutz großgeschrieben wird? Wo haben Kunden ein positiveres Kaufgefühl?

Verantwortung

Wer trägt die Verantwortung

Verantwortung

Das ganze Unternehmen ist verantwortlich! Datenschutz ist definitiv ein Thema, das jeden Einzelnen betrifft. Mit dem Glauben, dass ein ganzes Unternehmen „safe" ist, wenn sich nur eine einzige Person mit der Materie auseinandersetzt, irrt man sich. Folglich kann auch niemand von einer Auseinandersetzung mit der Thematik Datenschutz befreit werden.

Datenschutz ist vielmehr ein Unternehmensprozess, an dem jeder Mitarbeiter beteiligt ist und an dem jeder wachsen und sich entwickeln kann. Neben dem Gut der Mitarbeiter ist auch das Überarbeiten der Prozesse, die personenbezogene Daten enthalten, ein großer Bestandteil des Projekts Datenschutz im Unternehmen. Auch schon vor der DSGVO gab es Datenschutzregulierungen. So sollten für jeden Unternehmer die Begriffe Geheimhaltungspflicht, Verschwiegenheit oder Datengeheimnis keine Fremdwörter sein. Diese Themen finden jetzt im Zuge der Umsetzung der DSGVO erneut Anwendung, da jeder Unternehmer nun daran gebunden ist, seine Arbeitnehmer der Geheimhaltung und Vertraulichkeit, nach § 5 BDSG, zu verpflichten. Des Weiteren muss sich jeder Arbeitgeber in der Pflicht sehen, seine Mitarbeiter nach den Datenschutzregulierungen zu unterweisen und zu informieren, sodass diese das nötige Datenschutzwissen für deren Berufsalltag vermittelt bekommen haben. Diese Pflicht kann der Unternehmer auch an den zuständigen Datenschutzbeauftragten delegieren.

Verantwortliche

Hauptverantwortung für den Datenschutz trägt natürlich die Unternehmensführung, sowohl nach innen als auch nach außen. Ein Teil der Verantwortung kann an den jeweiligen Datenschutzkoordinator, an den Datenschutzbeauftragten oder/und Führungskräfte übertragen werden. In der Regel sind die Führungskräfte und Datenschutzkoordinatoren mehr mit der Umsetzung beschäftigt, da sie im direkten Kontakt mit der Verarbeitung stehen und mit den Tätigkeitsabläufen besser vertraut sind.

Er gilt als Maßnahmengeber für den Datenschutz. Mit der nötigen Fachkunde und der Zuständigkeit für die Überprüfung der Einhaltung des Datenschutzrechtes ist der **Datenschutzbeauftragte** der Hauptansprechpartner im Unternehmen. Er hat zudem Beratungsfunktion für jegliche Unternehmenssegmente und steht als Bindeglied zwischen Unternehmung und der zuständigen Stelle zur Verfügung. Im Firmenorganigramm ist der Datenschutzbeauftragte direkt der Geschäftsführung zu unterstellen. Hinzu kommt, dass er in seinen Handlungen nicht weisungsgebunden ist.

Für die Umsetzung der Datenschutzbelange werden oftmals sogenannte **Datenschutzkoordinatoren** zu Rate gezogen. Die Koordinatoren wirken dabei in deren Fachbereichen als Supporter und Experten im jeweiligen Teil des Unternehmens. Beispielsweise könnte man ein Konzept aufstellen, dass es in jedem Tochterunternehmen des Konzerns einen Datenschutzkoordinator gibt. Dieser ist der Ansprechpartner vor Ort am Arbeitsplatz. Damit wäre das Modell der kurzen Wege für den Mitarbeiter erfüllt. Der Koordinator wiederum arbeitet eng mit dem Datenschutzbeauftragten des Konzerns zusammen und unterrichtet diesen über mögliche Auffälligkeiten und informiert ihn über vorgenommene Handlungen, sodass ein reger Informationsfluss gewährleistet werden kann.

Auch jeder **Mitarbeiter** übernimmt Verantwortung für das Datenschutzniveau im Unternehmen. Er schützt personenbezogene Daten davor, dass Sie unzulässig erhoben, verarbeitet, gespeichert, herausgegeben, ... werden. Gegenüber Kunden bezieht vor allem der einzelne Mitarbeiter Stellung, wie und vor allem wie sorgsam im Unternehmen mit den personenbezogenen Daten von Kunden umgegangen wird.

Der **Auftragsverarbeiter** kann dann in die Pflicht genommen werden, wenn er gegen Anweisungen verstoßen hat und dieses fehlerhafte Handeln einen Schaden nach sich zieht. Grundsätzlich gilt, dass der Verursacher haftbar gemacht werden kann, wenn bei der Auftragsbearbeitung Fehler passieren und es dabei zu Schäden kommt.

Der Datenschutzbeauftragte
Allgemeines zum Datenschutzbeauftragten

Der Datenschutzbeauftragte

Voraussetzung für die Notwendigkeit eines Datenschutzbeauftragten ist die sogenannte 10-Personen-Grenze. Sie ist folgendermaßen zu verstehen: Wenn zehn oder mehr Personen mit der Datenverarbeitung beschäftigt sind, muss in Deutschland ein Datenschutzbeauftragter bestellt werden. Gesetzlich ist dies in der Neuauflage des BDSG verankert, nicht in der DSGVO. Beim Aufzählen der Personen ist es sehr wichtig zu beachten, dass es allein um die Anzahl der Personen geht, die ständig mit der automatisierten Verarbeitung von personenbezogenen Daten zu tun haben. Ob es sich um Vollzeit- oder Teilzeitkräfte, Studenten oder freie Mitarbeiter handelt, spielt hierbei keine Rolle. Viele kleine Betriebe sind also nicht in der Pflicht einen Datenschutzbeauftragten zu bestellen. An Datenschutzregeln und -gesetze müssen sie sich dennoch halten und sie sind auch dafür verantwortlich sich immer über den aktuellsten Stand der Gesetzeslage zu informieren. Darum wird sich im Regelfall weitestgehend die Geschäftsleitung kümmern. Falls eine Bestellung eines Datenschutzbeauftragten erfolgen muss, kann man dies entweder intern lösen, indem man einen Mitarbeiter auswählt, der sich in Richtung Datenschutz weiterbildet und die spätere Umsetzung betreut und überwacht. Eine andere Option ist die Berufung eines externen Datenschutzbeauftragten.

Folgende Anforderungen werden an einen Datenschutzbeauftragten gestellt:

- Er sollte ein gewisses Maß an Zuverlässigkeit und Gewissenhaftigkeit mitbringen
- Er sollte die nötige Fachkenntnis in Bezug auf DSGVO und BDSG vorweisen. Zudem wäre es von Vorteil, wenn ein fundiertes Wissen über die Unternehmensprozesse und Abläufe vorliegt, in denen Datenverarbeitung stattfindet.
- Bei Änderungen, Informationen und Neuerungen in Bezug auf Datenschutz muss er am Ball sein und diese im Unternehmen kundig machen, sowie deren Umsetzung vorantreiben und überwachen
- Er muss erreichbar sein. Gesetzlich ist der Datenschutzbeauftragte nicht verpflichtet, immer präsent vor Ort zu sein. Er muss lediglich jederzeit über Telefon, Email, ... für Datenschutzbelange erreichbar sein.
- Es dürfen keine Interessenskonflikte mit den übertragenen Aufgaben stattfinden. So scheiden beispielsweise Personalangestellte, Geschäftsführer, Vorstandsmitglieder, IT-Administratoren, o. ä. als Datenschutzbeauftragte aus.

Stellung

Im Organigramm ist der Datenschutzbeauftragte direkt der Unternehmensführung zu unterstellen. Von der Unternehmensführung ist er in seinen Aufgaben und Vorhaben zu unterstützen. Des Weiteren ist er weisungsfrei zu stellen und unterliegt einer Geheimhaltungs- bzw. Schweigepflicht. Bei der internen Besetzung gilt zudem ein besonderer Kündigungsschutz.

Aufgaben:

Hinweis:
Ein Datenschutzbeauftragter ist sofort, unabhängig von der Beschäftigtenzahl, zu bestellen, wenn beispielsweise personenbezogene Daten geschäftsmäßig übermittelt oder automatisiert verarbeitet werden. Beispiele hierfür wären Adresshandel, Markt- und Meinungsforschung usw. Darüber hinaus sind davon auch Unternehmungen betroffen, bei denen eine Vorabkontrolle der automatisierten Verarbeitung gemäß § 4d Abs. 5 BDSG erfolgen muss.

Anforderungen

durch Gesetze, Vorschriften, neue Technologien, Projekte, Menschen mit Fragen und Problemen

---

Input	**Datenschutzbeauftragter**	**Output**
recherchieren		beraten
informieren		realisieren
bewerten		informieren
		schulen

Datenschutzbeauftragter

EXTERN   vs.   INTERN

- Keine kosten für zeitintensive Einarbeitung
- Aktuelles Expertenwissen
- Kosten nach Zeit kalkulierbar
- Schnelle und zuverlässige Umsetzung

- Kennt sich bereits mit Abläufen und Datennutzung im Unternehmen aus

Der Datenschutzbeauftragte
Allgemeines zum Datenschutzbeauftragten

Mitarbeiterschulung

„Wissen deine Mitarbeiter/Kollegen was sie tun?"

Es steht außer Frage, dass ein Hinweis, wie „Sie wissen von der Datenschutzgrundverordnung oder?" nicht genügt. Nach Art. 39 DSGVO ist es die Aufgabe des Datenschutzbeauftragten bzw. des Verantwortlichen für den Datenschutz die beteiligten Mitarbeiter zu schulen und zu sensibilisieren, da ein Vergehen immense Folgen mit sich ziehen kann. In Bezug auf diese Tätigkeit ist er folglich auch dazu verpflichtet den Wissensstand der Mitarbeiter zu überprüfen.

> *„Außerdem muss er auffrischende Vorträge und Seminare abhalten und auf Änderungen in Bezug auf Datenschutz hinweisen."*

Außerdem muss er auffrischende Vorträge und Seminare abhalten und auf Änderungen in Bezug auf Datenschutz hinweisen. Die Angestellten sollen dadurch über die aktuellen datenschutzrechtlichen Gegebenheiten unterrichtet werden, sodass sie ihr erlerntes Wissen im beruflichen Alltag anwenden können, um eine datenschutzkonforme Arbeit gewährleisten zu können. Des Weiteren soll sich jeder Einzelne der Belegschaft über die Folgen bei widerrechtlichen Datenschutzhandlungen bewusst sein, damit in Bezug auf Datenschutz mit einer besonders erhöhten Sorgfalt gearbeitet wird. Somit kann eine erhebliche Re-duzierung der Risikowahrscheinlichkeit erzielt werden. Das Ziel eines jeden Unternehmens sollte es sein, mögliche Gefahrenfaktoren einzudämmen und den Eintritt eines Fehlers zu minimieren. Es liegt daher auf der Hand, dass sogenannte Themenschulungen durchgeführt werden sollten, um auch Verantwortliche in spezifischen Bereichen detaillierter unterweisen zu können. So wäre beispielsweise für die Marketingabteilung das Themengebiet „Werbung und Akquise" sorgfältiger auszuarbeiten und für Mitarbeiter der Personalabteilung der Beschäftigtendatenschutz.

Lebensprozess des Datenguts
Wo kommen Daten vor

Daten im Unternehmen

Vergewissern Sie sich, wo Daten in Ihrem Unternehmen sind. „Ich vernichte alle Daten", ist immer einfach gesagt. Aber wissen Sie überhaupt, wo genau die Daten liegen? Wissen Sie, an welchen Stellen Sie Daten erheben? Wissen Sie, wo Daten in Ihrer Unternehmung entstehen? Man spricht im Unternehmen meist von einem Lebenszyklus der Daten. Am Anfang werden Daten geboren bzw. erstellt. Das kann beispielsweise beim Erfassen von Daten für einen Kundenauftrag oder beim Auslesen von Kontaktformularen erfolgen. Wenn diese Daten einmal im Unternehmen angelegt sind, sind sie bereit für die Verwendung, Nutzung, Weiterverarbeitung, Speicherung, ...

Im Folgenden werden Unternehmenstätigkeiten mit einem Bezug auf diese Daten verrichtet. Zum Beispiel werden Adressen zur Übermittlung verwendet oder Kundendaten werden dazu genutzt, um Aufträge zuordnen zu können. Nach dem Abschluss der Verwendung der Daten steht nun die Zerstörung an. In Betracht auf die nationalen gesetzlichen Vorschriften, die Gegebenheiten der DSGVO, die Vorschriften von Dienst- und Betriebsvereinbarungen muss das Datengut gelöscht werden. Das muss natürlich so geschehen, dass die Daten nicht von unbefugten Dritten wieder zusammengesetzt und anschließend wiederverwendet werden können.

Hinweis:
Interessensabwägung durchführen! Bei Rechnungen beispielsweise überwiegt die buchhalterische Haltefrist, nicht das Recht des Betroffenen auf Löschung der Daten.

Angriffsfläche
Wo besteht Handlungsbedarf

Zunächst sollte man sich Gedanken darüber machen, wo man offensichtlich eine Angriffsfläche bieten könnte. Beispielsweise ist eine allgemeine Webseite für jeden Internetnutzer zugänglich und kann mittels simpler Softwareanwendungen durchsucht und durchforscht werden, ob der Onlineauftritt Schwachstellen aufweist. In erster Linie sollte man sein Hauptaugenmerk auf die Sachen legen, bei denen am meisten personenbezogene Daten erhoben werden. Heutzutage können Webseiten mittels moderner Technologien auch bei nicht eingeloggtem Zustand personenbezogene Daten, wie beispielsweise die Besucher-IP-Adresse, zwischenspeichern. Betroffenen bzw. gefilmten Personen müssen daher gewisse Gesichtspunkte entgegengebracht werden. Des Weiteren ist vor allem auch bei der Videoüberwachung eine gewisse Sensibilität gefragt. Laut aktueller Gesetzeslage muss bei einer Videoüberwachung ein Löschgebot von 72 Stunden beachtet werden. Darüber hinaus muss unmittelbar vor Betreten des videoüberwachten Bereichs ein dafür vorgesehenes Schild ersichtlich angebracht sein, das auch noch zusätzlich besagt, wer für die Aufnahmen verantwortlich ist. Außerdem sollte man Schnittstellen ausfindig machen, über die unbefugte Personen Zugang zur Unternehmung erhalten könnten. Falls es Dritten dennoch gelingen sollte, an personenbezogene Daten zu gelangen, könnte das Datenschutzniveau und die damit verbundenen Rechte des Einzelnen durch Sicherheits-

lücken tangiert werden. Bestes Beispiel hierfür sind Wifi- oder FTP-Zugänge, die oft zur Zielscheibe von Kriminellen und Hackern werden.

Hinweis:
Datenschutzerklärung – Recht auf Information. Überarbeiten Sie Ihre Datenschutzerklärung anhand der Funktionen der Webseite.

Einwilligung
Wann und wie darf verarbeitet werden

Laut DSGVO ist eine Verarbeitung von Daten generell untersagt, außer es liegt der Verarbeitung ein Gesetz oder eine Einwilligung des Betroffenen zugrunde. Als Einwilligung bezeichnet man eine klar definierte Zustimmung zu etwas. Bleibt diese jedoch ausständig darf die einzuwilligende Tätigkeit nicht durchgeführt werden. Einwilligungen zu Verarbeitungstätigkeiten sind vom Betroffenen freiwillig zu treffen und müssen vom Betroffenen persönlich eingeholt werden. Zudem muss die Möglichkeit geboten werden, dass Betroffene ihre Entscheidung widerrufen können. Dafür wird beispielsweise in der Datenschutzerklärung ein Weg für den Widerruf erwähnt, der besagt, dass man zur Auflösung der Einwilligung den Datenschutzverantwortlichen oder den Datenschutzbeauftragten kontaktieren muss.

Dokumentationspflicht

Allgemeines zur Rechenschafts- & Dokumentationspflicht

Dokumentationspflicht

Die DSGVO birgt einige Hürden. So ist auch die Einführung der **Rechenschaftspflicht** eine Änderung, welche viele Unternehmensführer und Datenschutzverantwortliche vor eine Sisyphusaufgabe stellt, denn zum einen soll das Verzeichnis korrekt und stets auf dem aktuellsten Stand gehalten werden. Zum anderen dürfen aber natürlich das Tagesgeschäft und die damit verbundenen Tätigkeiten nicht zu kurz kommen.

Die in der Verordnung festgehaltene Rechenschaftspflicht kann nur durch Einhaltung der Dokumentationspflicht gewährleistet werden. Die Dokumentationspflicht besagt, dass Unternehmungen unter gewissen Umständen ein sogenanntes Verzeichnis von Verarbeitungstätigkeiten, auch Verfahrensverzeichnis genannt, erstellen, ausfüllen und pflegen müssen. Dieses Verfahrensverzeichnis dient als Nachweis dafür, dass gesetzlich geltende Vorschriften eingehalten werden.

Aufgrund der aktuellen Rechtslage reicht es mittlerweile nicht mehr aus, einfach nur die Gesetze zu befolgen, sondern man muss auch mittels des Verfahrensverzeichnisses Rechenschaft ablegen und eine rechtmäßige Durchführung beweisen können.

Was ist das Verfahrensverzeichnis überhaupt?

Ein Verfahrensverzeichnis beschreibt jeden einzelnen Unternehmensprozess, in dem personenbezogene Daten vorkommen. Allgemein gesprochen beschreibt ein Prozess einen Ablauf oder die Entwicklung einer bestimmten Sache unter Betrachtung aller Einflüsse und Gegebenheiten, die zum Verlauf beitragen.

Des Weiteren muss beim Verfassen des Verzeichnis beachtet werden, dass nicht nur die Unternehmensprozesse aufgelistet werden müssen, sondern auch erwähnt werden muss, wer an dem Prozess teilnimmt. Das heißt, dass alle Personen, die im Rahmen des Prozesses mit den personenbezogenen Daten in Kontakt kommen, im Verzeichnis angegeben werden müssen. Beispielsweise Mitarbeiter A, Mitarbeiter B, Abteilung C oder Dienstleister D. Es bietet sich also an, alle Unternehmensprozesse tabellarisch aufzulisten und das Dokument so aufzusetzen, dass es jederzeit erweitert, ergänzt und gekürzt werden kann.

Wie sieht ein Verfahrensverzeichnis aus?

Die äußere Form des Verfahrensverzeichnisses ist gesetzlich nicht konkret vorgeschrieben. Das Verzeichnis kann elektronisch, beispielsweise mit Word, Excel oder eigens dafür vorgesehenen Softwareprogrammen, geführt werden. Eine handschriftliche Variante wäre zwar rechtmäßig, aber nicht sehr ratsam. Im Gegensatz zur äußeren Form ist der Inhalt des Verzeichnisses klar definiert.

Es müssen mindestens folgende Angaben enthalten sein:

- Name der Unternehmung
- Name des/der Leiter/s der Unternehmung
- Name des Leiters der Datenverarbeitung bzw. Datenschutzbeauftragter
- Postanschrift des Unternehmens
- Zweckbestimmung der Verarbeitungstätigkeit
- Beschreibung der Verarbeitungstätigkeit
- Erwähnung der betroffenen Personengruppen und der diesbezüglichen Daten bzw. Datenkategorie
- Nennung der Empfänger der Daten
- Nennung der Regelfristen für die Löschung der Daten
- Auflistung der Drittstaaten, falls eine Datenübermittlung in Drittstaaten geplant ist Festlegung entsprechen

Wer führt das Verfahrensverzeichnis?

Zur Führung des Verfahrensverzeichnisses kann eine einzelne Person oder auch mehrere Verantwortliche bestimmt werden. In kleineren Firmen oder Vereinen bietet es sich an, wenn nur ein einziger Mitarbeiter oder ein Vereinsmitglied für dieses Verzeichnis verantwortlich ist. Sind in der Unternehmung jedoch größere und weitläufigere Strukturen vorhanden, so wäre es auch eine Möglichkeit, das Verzeichnis in Teilbereiche aufzusplitten.

Zur Maßnahmengebung, Überwachung und Kontrolle kann natürlich auch jederzeit der Datenschutzbeauftragte zur Rate gezogen werden. Allerdings ist zu beachten, dass der Unternehmensführer für die Vollständigkeit und Richtigkeit der Inhalte verantwortlich ist.

Unter welchen Voraussetzungen muss ein Verfahrensverzeichnis geführt werden?

Ein Verfahrensverzeichnis muss geführt werden, sobald eine der nachfolgenden Gegebenheiten zutrifft:

- Mitarbeiterzahl 250 oder höher
- Verarbeitungen personenbezogener Daten, die nicht nur gelegentlich stattfinden
- Verarbeitung von Daten, die Rechte und Freiheiten Betroffener beinhalten, ggf. Überwachungsmaßnahmen
- Verarbeitung sensibler oder strafrechtlich relevanter Daten

So muss beispielsweise ein Verfahrensverzeichnis geführt werden, wenn personenbezogene Daten mit einer Mitglieder-, Mitarbeiter- oder Kundenverwaltung verarbeitet werden.

Auftragsdatenverarbeitung

Umstände & Gestaltung der Auftragsdatenverarbeitung

0101010101
1010101010
0101010101
1010101010

Datenweitergabe

**Vertrag über
Auftragsdatenverabreitung**

**Datenverarbeitungsstelle
= Auftragnehmer**

**Auftragsdaten-
verarbeitung**

0101010101
1010101010
0101010101
1010101010

Datenweitergabe

**Unternehmen =
Auftraggeber**

Subunternehmer

Eine Auftragsdatenverarbeitung definiert eine Verarbeitung von Daten durch einen beauftragten Dienstleister oder Subunternehmer, der die ihm bereitgestellten Daten im Rahmen der Zweckerfüllung verarbeiten darf. Eine Weiterleitung von personenbezogenen Daten an Dritte, ohne einen im Vorhinein abgeschlossenen Auftragsverarbeitungsvertrag nach § 28 DSGVO, kann ein Datenleck bedeuten und spätestens bei Missbrauch der übermittelten Daten zu Sanktionen und Strafen führen. Der Auftragsdatenverarbeitungsvertrag, kurz ADV, ist eine technisch-organisatorische Maßnahme, die im Verfahrensverzeichnis aufgeführt wird. Außerdem kann man auf ein gewisses Sicherheitslevel beim Dienstleister/Subunternehmer vertrauen, da dieser mit der Unterzeichnung des ADVs den rechtmäßigen Umgang mit Daten garantiert. Des Weiteren verpflichtet sich der Auftragnehmer, die Daten im Sinne des Auftraggebers zu verwenden.

Beispiele:
- Cloudbasierte Lösungen
- Newsletterversand von externen Anbietern
- Outsourcing von Rechenzentren
- Ausgelagerter Supportdienstleister
- Dienstleister für Datenlöschung
- Subunternehmer, wie Programmierer, Webdesigner, Lackierer,...

Hinweis:
Auftragsverarbeitungsverträge sind Teil der TOM´s im Verfahrensverzeichnis. *TOM´s - Technisch Organisatorische Maßnahmen*

Umsetzungsmaßnahmen
TOM´s - Technisch Organisatorische Maßnahmen

Umsetzung – TOM´s

In der Datenschutzgrundverordnung werden zwei komplett verschiedene Begriffe mit dem Namen TOM´s verknüpft. So versteht man unter den technischen Maßnahmen, jene Maßnahmen, die durch Technologieeinsatz ergriffen werden. Die besten Beispiele hierbei sind Verschlüsselungsmethoden bei Festplatten oder Firewalllösungen. Es können aber auch weitere Softwaretools oder gar physische Bauten zur Gewährleistung eines Schutzes dazugezählt werden.

Die im administrativen Bereich ausführenden Tätigkeiten bezeichnet man als organisatorische Maßnahmen, wie beispielsweise das Abschließen von Auftragsverarbeitungsverträgen vor Auftragsbeginn. Diese sollen eine unzulässige Weitergabe und Verarbeitung von auftragsbezogenen Daten gewährleisten. Des Weiteren zählen auch Mitarbeiterschulungen und Unterweisungen im Bereich Datenschutz und Datensicherheit zu den organisatorischen Maßnahmen.

Passwörter
Leichtfertigkeit & keine Selbstdisziplin

Passwörter haben meistens einen großen Einfluss darauf, wie schnell sich ein Unbefugter Zugriff auf Datenmaterial verschaffen kann, an das er eigentlich nicht gelangen sollte. Mittels Softwareprogrammen können Unbefugte, sogenannte Hacker, beispielsweise durch mehrmalige programmierte Passworteingabe ihr Kennwort systematisch ausfindig machen und gelangen somit an ihre Daten. Je kürzer und einfach gewählt Ihr Passwort ist, umso schneller kann es gehackt werden.

So setzt man voraus, dass sichere Passwörter zum Grundrepertoire jeder Unternehmung zählen, da dessen Preisgabe einen erheblichen Schaden anrichten kann. Es bestätigt sich jedoch immer wieder, dass lediglich simple Wörter und Namen bei der Vergabe von Passwörtern, die eigentlich keine Systematik aufweisen, geheim und wohlbehütet sein sollten, gewählt werden. Hinzu kommt auch noch die bequeme Speicherfunktion, die gewisse Internetbrowser ihren Nutzern zur erleichterten Bedienung anbieten und auch oft genutzt werden. Schlussendlich ist diese Passwortspeicherung eine Art Bereitstellung aller Passwörter. Alle möglichen Zutritte werden dabei gebündelt in einem Verzeichnis abgelegt und können bei einem Zugriff von außen mühelos und relativ zügig ausgelesen werden. Der ungewollte Besucher bekommt dadurch Zug um Zug mehr Möglichkeiten

Passwort:
Ihhs38SüDg!

einen immer größeren Schaden anzurichten. Für Abhilfe kann man sorgen, indem man seine „Passworthausaufgaben" erledigt und mit geringem Aufwand und mit geringer Selbstdisziplin die Passwörter nach den nachfolgenden Anforderungen einrichtet.

Passwörter sollten so gewählt werden, dass keinerlei Bezug zum Anwender hergestellt werden kann. Bestes Negativbeispiel wäre der Name des Haustieres. Es sollte zudem keinerlei Logik inbegriffen sein. Darüber hinaus sollten Passwörter aus mehr als acht Zeichen bestehen und es sollten Zahlen und Sonderzeichen, sowie abwechselnde Groß- und Kleinschreibung verwendet werden. Außerdem sollte man die Passwörter in wenigen Monatsabständen abändern und eine Historie von mindestens drei Änderungen vermerken.

Hinweis:
Wie soll ich mir sowas merken? Natürlich gibt es mittlerweile auch geniale Softwarelösungen zur Passwortverwaltung, die meistens aber erst ab einer gewissen Menge an Zugängen rentabel und sinnvoll sind. Hier noch ein kleiner Tipp am Rande, wie man sich Passwörter besser merken kann: *„Ich habe heute schon 38 Seiten über Datenschutz gelernt!"* - Ihhs38SüDg!

Informations & Transparenzpflichten

Abläufe, welche ein Unternehmen kennen muss

Die Erhebung und Verarbeitung personenbezogener Daten ist nach der DSGVO an gewisse Transparenz- und Informationspflichten gebunden. Das bedeutet, dass dem Betroffenen unter anderem klar offengelegt werden muss, welche Daten von ihm erhoben und verarbeitet werden und zu welchem Zweck dies geschieht. Zudem müssen Einwilligungserklärungen das Recht beinhalten, dass die Einwilligung zu einem späteren Zeitpunkt widerrufen werden kann.

Des Weitern stehen Unternehmungen in der Pflicht, gewisse Auskünfte zu erteilen. Beispielsweise sind die Kontaktdaten des Verantwortlichen für den Datenschutz bzw. des Datenschutzbeauftragten und die Rechte des Betroffenen ein wesentlicher und auch verpflichtender Bestandteil der Datenschutzerklärung. Außerdem muss klar definiert werden, zu welchem Zweck und wie die Daten erhoben werden. Möchte man Daten z. B. zum Versand von Newslettern oder für Werbung verwenden, muss generell eine Einwilligung des Betroffenen eingeholt werden. Darüber hinaus muss explizit darauf hingewiesen werden, wenn eine Übermittlung der Daten in Drittländer oder an Dritte stattfindet.

Sobald eine betroffene Person Auskunft über seine Daten verlangt, muss die verantwortliche Stelle das Datenmaterial, die stattgefundene zweckmäßige Erhebung, Speicherung, sowie jegliche Verarbeitungstätigkeiten preisgeben. Zusätzlich müssen die Betroffenenrechte offen dargelegt und eingehalten werden.

Reaktionsplan bei einer Datenpanne
Welches Verhalten ist im Notfall wichtig

Mögliche Vorgehensweise bei einer Datenpanne

1. Datenschutzvergehen erkennen und schnell handeln:
Weiterleitung des Vorfalls vom Mitarbeiter an den Vorgesetzten, den Datenschutzkoordinator oder direkt an den Verantwortlichen für den Datenschutz

2. Bewertung:
Durchführen einer Risikoanalyse durch den Verantwortlichen für Datenschutz, um das Ausmaß abschätzen zu können

3. Maßnahmen zur Abwendung/Eindämmung:
Maßnahmen ergreifen, um gegen das Datenleck vorzugehen

4. Entscheidung, ob eine Meldung erfolgen soll:
Anhand der Bewertung entscheidet der Verantwortliche für Datenschutz, ob eine Meldung bei der Behörde erfolgen soll und ob Betroffene in Kenntnis gesetzt werden müssen.

5. Meldung an die Aufsichtsbehörde oder/und an die Betroffenen:
Der Verantwortliche für Datenschutz erstattet Meldung bei der zuständigen Behörde.

Der erste Schritt nimmt zumeist unnötig viel Zeit in Anspruch. Diese Zeit fehlt schlussendlich, um den Vorfall fristgerecht, innerhalb von **72 Stunden** nach Kenntniserlangung, der Aufsichtsbehörde oder den Betroffenen zu melden. Je nach Art der Datenschutzvergehens ist man dazu verpflichtet, entsprechende Gegenmaßnahmen einzuleiten. Hierfür kann auf Erfahrungen mit der Bewältigung bisheriger Datenpannen zurückgegriffen werden. Des Weiteren stellt es sich erfahrungsgemäß als sehr ratsam heraus, das Szenario einer Datenpanne im Vorfeld durchzuspielen, sodass jeder wissen kann, was im Notfall zu tun ist.

Rechte Betroffener
Was steht rechtlich betroffenen Personen zu

In der Grafik ist eine typische Situation dargestellt, in der man mit dem Thema Datenschutz konfrontiert wird und die sich so auch zu jeder Zeit in Ihrer Unternehmung ereignen könnte. Dabei ist es nicht von Belang, aus welchem Beweggrund sich die Kundschaft nach Ihren personenbezogenen Daten und deren Verarbeitung erkundigt. Die Frage, die Sie sich stellen sollten, lautet: „Bin ich und meine Mitarbeiter/Kollegen darauf vorbereitet, Kundenfragen zum Thema Datenschutz zu beantworten und Ihnen bei einem Datenschutzvergehen weiterhelfen zu können?" Sobald die oben abgebildete Situation in Ihrem Unternehmen eintritt, sollten Sie und Ihre Mitarbeiter darauf vorbereitet sein und ein gewisses Grundwissen über die Betroffenenrechte nach Art. 13 DSGVO vorweisen. Darüber hinaus sollte jeder darüber im Bilde sein, was im Falle einer Datenpanne (siehe vorherige Seite) zu tun ist.

Die Informationspflicht bei betroffenen Personen nach Art. 13 DSGVO
Folgende Punkte sind dem Betroffenen einzuräumen bzw. ist er über sie in Kenntnis zu setzen:
- Name und Kontaktdaten des Verantwortlichen
- Kontakt zum Datenschutzbeauftragten bzw. Verantwortlichen für Datenschutz
- Beschreiben des Verarbeitungszwecks, ggf. Rechtsgrundlage
- Datenkategorien und Datenherkunft

- Empfänger der Daten (erfolgt eine Weitergabe an Dritte: Nennung der Dienstleistungspartner/Subunternehmer und deren Tätigkeit)
- Dauer der Speicherung bis hin zur Löschung

Rechte der betroffenen Person:
- Recht auf Auskunft, sowie Berichtigung, Löschung und Einschränkung
- Widerspruchsrecht mit Kontaktweg, um Widerspruch geltend zu machen
- Beschwerderecht bei der Aufsichtsbehörde, Erwähnung der zuständigen Stelle
- Recht auf Bereitstellung der nötigen Daten und Datenübertragbarkeit, z.B. bei Anbieterwechsel
- Informationsrecht, beispielsweise über automatisierte Entscheidungsfällung (falls vorhanden)

Was machen Sie mit meinen Daten?

Die Datenpanne
Grundlegendes zu einem Datenschutzvergehen

Eine Datenpanne oder ein Datenleck bezeichnet allgemein das unrechtmäßige Herausgeben von Daten oder einen Verlust von Daten. Auch ein unberechtigter Zugriff auf Datengut oder deren unbeabsichtigtes Ändern bzw. Löschen fallen unter diese Definition.

Zusammenfassend kann man sagen, dass eine Datenpanne vorliegt, sobald ein unbefugter Dritter Daten erlangt, die ihm nicht zustehen.

Beispiele von Datenpannen sind:

* Löschung der Kunden-, Mitarbeiter- oder Mitgliederdaten von nicht-autorisierten Personen
* Verlieren von unverschlüsselten Datenträgern wie USB-Sticks, Festplatten oder Akten
* Preisgabe von Benutzerdaten und Kennwörter
* Angriff auf Kunden-, Mitarbeiter- oder Mitgliederdatenbank
* Diebstahl oder unberechtigte Zugriffe auf Datenmaterial durch Hacker, Kriminelle, ...

Melde- & Informationspflicht

Sobald eine Datenpanne geschehen ist, unterliegt man einer Meldepflicht. Das heißt, dass man in der Verantwortung steht, ein Vergehen innerhalb von 72 Stunden nach Kenntniserlangung bei der zuständigen Stelle zu melden.

Falls bei einer Datenpanne Persönlichkeitsrechte und Freiheiten angegriffen werden, hat man hingegen keine 72 Stunden Zeit, sondern muss die Betroffenen unverzüglich über den Vorfall und die Umstände in Kenntnis setzen und sie darüber aufklären.

Diese Benachrichtigungspflicht könnte jedoch auch entfallen, wenn beispielsweise nach dem Vorfall sofort Maßnahmen ergriffen wurden, um die Daten Unbefugten nicht weiter zugänglich zu machen.

Hinweis:
Oftmals gestaltet es sich als sehr schwierig, eine Datenpanne zu erkennen. Deshalb gilt der Grundsatz: „Lieber einmal mehr beim Datenschutzbeauftragten nachgefragt."

Datenschutzfolgeabschätzung
Dessen bewusst werden, was passiert ist

Ein wesentlicher Bestandteil der Datenpannenmeldung ist im Regelfall eine sogenannte **Datenschutzfolgeabschätzung**, kurz DSFA. Diese Abschätzung dient dazu, eine grobe Risikobewertung abzugeben, um das Ausmaß des Verstoßes einschätzen zu können. Bei einer Datenpanne, in die beispielsweise Kundendaten involviert sind, kann es neben der Preisgabe der personenbezogenen Daten auch zu einer Geschäftsschädigung kommen, wenn durch den Vorfall z. B. ein Auftragsrückgang verzeichnet wird, der im Folgenden zu einer Umsatzreduzierung führt. Das Ausmaß der Panne wird bei der Datenschutzfolgeabschätzung analysiert, zusammengefasst, bewertet und der Meldung beigefügt. Sofern für die Unternehmung ein Datenschutzbeauftragter bestellt ist, kann dieser zur Meldung beratend hinzugezogen werden. Mit der Datenschutzfolgeabschätzung als Grundlage, werden entsprechende Gegenmaßmaßnahmen ergriffen und Folgehandlungen beschlossen, um z. B. ein Datenleck zu schließen, durch das personenbezogene Daten an unbefugte Personen gelangen können.

Die Meldepflicht des Datenschutzbeauftragten
Die Zusammenarbeit mit der zuständigen Stelle

Meldung des Datenschutzbeauftragten
Nachdem der Datenschutzbeauftragte ernannt worden ist, muss eine Meldung an die zuständige Stelle erfolgen, in der die Kontaktdaten des Ansprechpartners bei Datenpannen oder sonstigen Vorfällen angegeben werden. Bei der zuständigen Stelle, die auf Landesebene agiert, werden alle Datenschutzbeauftragte gesammelt und in einem Verzeichnis aufgeführt. In Bayern erfolgt die Meldung online, um ein Zinnober mit einer Vielzahl an Formularen zu vermeiden. Ein weiterer Vorteil des elektronischen Verfahrens ist der schnellere Kontakt- und Informationsverkehr zwischen Behörde und Unternehmen in Sachen Datenschutz. Zunächst bestand eine Meldefrist für Unternehmen bis zum 25. Mai 2018. In Bayern wurde dieser Stichtag vom Landesamt für Datenschutz aufgrund von Schwierigkeiten bei der Onlinemeldung auf den 31. August 2018 verschoben. Schließlich erfolgte eine weitere Terminverlegung auf den 30.09.2018.

Risiken

Leichtsinniger Unternehmer: „Was kann denn schon passieren?"

Was, wenn ein Unternehmen nichts macht?
Unternehmen, egal von welcher Größe, die auf europäischen Boden agieren, begehen einen fatalen Fehler, wenn sie davon ausgehen, dass Datenschutz sie nicht interessieren muss und sie sich der aktuellen Gesetzeslage widersetzen können. Es ist meist nur eine Frage der Zeit bis die zuständige Aufsichtsbehörde auf die jeweilige Unternehmung aufmerksam wird. Die Veränderung der Gesetzeslage in Bezug auf den Datenschutz verfolgt vorrangig das Ziel, Unternehmen darin einzuschränken, personenbezogene Daten eigenmächtig zu verarbeiten, um somit dem Einzelnen mehr Schutz zu geben. Wie so oft erfolgen die Umsetzung eines neuen Gesetzes und die Kontrolle über die Einhaltung etwas zeitversetzt zur Verabschiedung des Gesetzes. Derzeit, in der zweiten Jahreshälfte 2018, schreitet die Umsetzung immer zügiger voran. Tagtäglich treten neue Datenschutzbeauftragte ihr Amt an und werden bei der zuständigen Stelle gelistet. Des Weiteren treffen auch immer mehr Meldungen über Datenpannen bei der zuständigen Stelle zur Bearbeitung ein, denen nachgegangen werden muss. Es wird zwar noch etwas dauern, bis die Abläufe in Perfektion übergegangen sind, aber spätestens, wenn all die behördlichen Aufgaben routiniert bearbeitet werden können, kann kein Unternehmen mehr den Datenschutz außer Acht lassen. Ein weiterer Risikofaktor kann sein, wenn Unternehmen nachlässig mit der Auftragsdatenverarbeitung umgehen. Bei der Auftragsdatenverarbeitung lassen sich Auftraggeber von Auftragnehmern, wie Subunternehmern oder Dienstleistern, ein gewisses Datenschutzlevel bestätigen. Bei Nichteinhaltung der Vereinbarungen oder Falschangaben steht der Auftragnehmer in der Haftung. Sofern kein Abschluss eines Auftragsverarbeitungsvertrags zustande kommt, der Auftragnehmer sich unkooperativ verhält und die Datenschutzrichtlinien missachtet, so muss es zu einer Beendigung des Auftragsverhältnisses kommen, da die personenbezogenen Daten des Auftraggebers unrechtmäßig behandelt werden und dies zu Datenschutzverstößen führt.

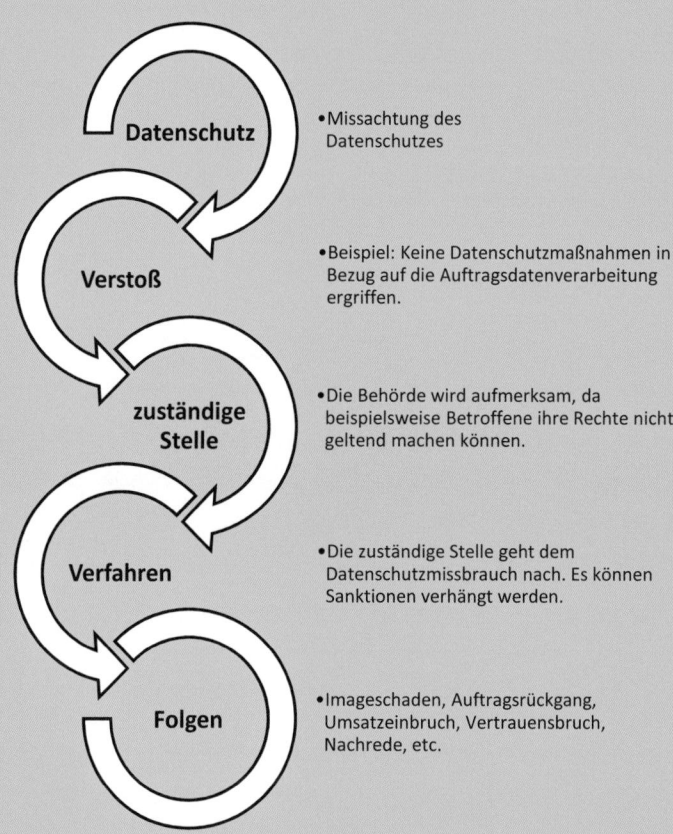

Datenschutz
- Missachtung des Datenschutzes

Verstoß
- Beispiel: Keine Datenschutzmaßnahmen in Bezug auf die Auftragsdatenverarbeitung ergriffen.

zuständige Stelle
- Die Behörde wird aufmerksam, da beispielsweise Betroffene ihre Rechte nicht geltend machen können.

Verfahren
- Die zuständige Stelle geht dem Datenschutzmissbrauch nach. Es können Sanktionen verhängt werden.

Folgen
- Imageschaden, Auftragsrückgang, Umsatzeinbruch, Vertrauensbruch, Nachrede, etc.

Datenschutzaudit

Was ist ein Datenschutzaudit

Ein Datenschutzaudit ist eine Bewertung des Ist-Zustandes der Datenbestände einer Unternehmung. Dabei werden sowohl Daten in Papierform, als auch Daten in elektronischer Form berücksichtigt. Außerdem werden technische, sowie organisatorische Maßnahmen kontrolliert und in Gänze bewertet. Bei einem Audit werden sämtliche Abteilungen des Unternehmens miteinbezogen und nach möglichen Lücken und Schwachstellen ausgekundschaftet. Hierbei werden neben den Geschäftsführern auch die Bereichsleiter und einzelne Mitarbeiter zu Rate gezogen, die mit den Abläufen und Prozessen des Unternehmens vertraut sind. Am Ende liegt schließlich eine ausführliche Zustandsbeschreibung vor, die den aktuellen Stand des Datenschutzes, bezogen auf den gegenwärtigen Stand der Technik und der Gesetzgebung, bewertet. Zudem wird klar aufgezeigt, an welchen Stellen nachgearbeitet werden sollte und wo Defizite vorliegen.

Sicherheitsziele

Welche Absichten kann ein Unternehmen anstreben

Neben den Datenschutzparagraphen und -regulierungen sollten sich Unternehmen vor allem über die Umsetzung und die Maßnahmen zur Gewährleistung der Datensicherheit Gedanken machen. Oftmals gestaltet sich die Umsetzung als weitaus schwieriger, da ein Kompromiss gefunden werden muss, der allen Voraussetzungen gerecht wird.

Beispielprojekte mit möglichen Maßnahmen für das Erreichen von Sicherheitszielen:

Vertraulichkeits-Projekt:
* Zutritt zu Systemen der Datenverarbeitung nur für Befugte
* Passwortrichtlinien einführen und aktuell halten
* Verwendung einer Passwortsoftware für Verwaltung und Generierung von Passwörtern
* Einrichten automatischer Sperren an Geräten
* Verschlüsselungen einführen
* Protokollierung von Zugriffen, Löschungen, Änderungen
* Daten getrennt verarbeiten, erheben, abspeichern

Integritäts-Projekt:
* Unbefugten Zugriff bei der Übermittlung unterbinden
* Mailverschlüsselung
* Elektronische Signatur

* Dokumentenmanagement
* Cloud-Anwendungen absichern

Verfügbarkeits-Projekt:
* Backup-Systeme und Sicherungsstrategien einführen, hinterfragen und ggf. überarbeiten
* Unterbrechungsfreie Stromversorgungen installieren
* IT-Notfallplanung erstellen, Notfall simulieren, Übungen durchführen

Jede Unternehmung muss selbst entscheiden, welche Maßnahmen für sie von Bedeutung sind und schließlich ergriffen werden müssen. Eine wichtige Rolle spielt hierbei die Bereitschaft etwas verändern zu wollen.
Des Weiteren sollten Standpunktbesprechungen, Nachkontrollen und kurz-/minderfristige Zielvereinbarungen einen wichtigen Bestandteil in der Umsetzung der Sicherheitsziele bilden.

Hinweis:
Wägen Sie folgende Faktoren ab:

* Preis-Leistungs-Verhältnis
* verfügbare Zeit
* technische Gegebenheiten
* Fachpersonal

IT-Notfallplanung & Cyberversicherung

Grundlegendes zur Absicherung der IT-Ressourcen

IT-Notfallplanung/Cyberversicherung
Was ist das?

Im Zusammenhang mit den Veränderungen, welche die DSGVO mit sich bringt, hört man auch immer wieder die Begriffe IT-Notfallplanung und Cyberversicherung.

Im Rahmen der IT-Notfallplanung wird ein Konzept erarbeitet, das die Vorgehensweise und das Verhalten bei einem Ausfall sämtlicher EDV- und Netzwerkkomponenten definiert. Diese Strategie sollte in regelmäßigen Zeitintervallen durchgespielt, trainiert und an den aktuellsten Stand der Gegebenheiten in der Unternehmung angepasst werden, um für eine Notsituation gewappnet zu sein, da ein Ausfall der gesamten Infrastruktur einen enormen Schaden mit weitreichenden Folgen anrichten kann. Die Erfahrung hat gezeigt, dass die Wiederherstellung der gewohnten Systemabläufe nicht reibungslos funktioniert, wenn Mitarbeiter nicht situativ auf den Ernstfall vorbereitet werden.

Fallbeispiel: Wie lange könnte Ihr Unternehmen ohne elektrische Energie auskommen?

Angelehnt an die IT-Notfallplanung kann auch versicherungstechnisch vorgesorgt werden. Ergänzend zur IT-Haftpflicht greift eine Cyberversicherung bei Hackerangriffen, Datendiebstahl oder Datenverlust. Daraus resul-

tierende Umsatzreduzierungen können somit ebenfalls abgesichert werden. Allerdings stellt eine Cyberversicherung gewisse Anforderungen an Unternehmungen, die erfüllt werden müssen, dass die Versicherung überhaupt für den Schaden aufkommt. Beispielsweise muss ein gewisses Sicherheits- und Schutzniveau vorliegen, das u. a. durch die Beschäftigung eines Datenschutzbeauftragten und die Existenz einer IT-Notfallplanung gewährleistet werden kann.

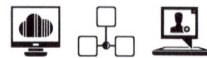

Praxistipps
Wo kann man den Hebel ansetzen

Meistens gestaltet sich der erste Schritt als der schwierigste, da man nicht weiß, wie man eine bestimmte Thematik am besten angehen soll. Für den Bereich Datenschutz sind im Folgenden ein paar Stichpunkte aufgelistet, mit denen man dieses Thema am besten angehen kann.

- Vermitteln Sie Mitarbeitern, Kollegen und Partnern zumindest die nötigsten Kerninhalte des Datenschutzes für deren Tätigkeit

- Informieren Sie sich, wer ihr Verantwortlicher für Datenschutz bzw. ihr Datenschutzbeauftragter ist. Ggf. weisen Sie Ihr Unternehmen darauf hin, ob nicht ein Datenschutzbeauftragter bestellt werden muss.

- Priorisieren und bewerten Sie Ihre Risiken in Bezug auf Datenschutz. Wie hoch ist die Eintrittswahrscheinlichkeit für ein Datenleck? Wo bietet Ihr Unternehmen eine Angriffsfläche?

- Vergewissern Sie sich, wo sich überall Daten des Unternehmens befinden, sowohl physische als auch elektronische. Wo werden bei Ihnen personenbezogene Daten erhoben und mit welcher Grundlage verarbeitet? Möglicherweise liegen personenbezogene Daten unstrukturiert vor und es gibt unzählige Speicherorte, Datenbanken, ... Wer hat Zugriff auf die Daten? Liegt ein Konzept für Zugriffsrechte vor? Wo sind Schnittstellen nach Außen? Erfolgt eine Weitergabe an Dritte? Ist die Auftragsverarbeitung datenschutzkonform?

- Kontrollieren Sie, ob Sie auf einen Notfall vorbereitet sind. Gibt es einen Reaktionsplan oder einen Ablaufplan für Notsituationen? Wie reagieren Sie auf einen Notstand?

- Identifizieren Sie nicht mehr benötigte Daten, sperren, archivieren oder löschen Sie diese nach Vorgaben der DSGVO

Der Wissenstest
Erläuterung

Art. 39 DSGVO besagt, dass Datenschutzbeauftrage und –verantwortliche dafür zuständig sind, Mitarbeiter die an Verarbeitungsvorgängen beteiligt sind, zu lehren und sie in der Thematik Datenschutz zu sensibilisieren. Diese Pflicht stellt die Verantwortlichen vor eine knifflige Aufgabe. So muss beispielsweise für neue Mitarbeiter, die an der Datenverarbeitung beteiligt sind, jeweils eine Datenschutzunterweisung stattfinden. Aufgrund der kontinuierlichen Fluktuation gestaltet sich die Unterweisung aller Mitarbeiter meist als sehr schwierig. Eine Möglichkeit für die Unterweisung wäre eine Präsentation. Allerdings birgt dieser Lösungsansatz oftmals die Gefahr, dass nicht alle Mitarbeiter zur gleichen Zeit am gleichen Ort sein können und es schier unmöglich ist, alle unter einen Hut zu bringen. Deshalb ist auf den folgenden Seiten ein Arbeits- bzw. Lernteil angehängt, mit dem eine Wissensprüfung über das Thema Datenschutz durchgeführt werden kann. Dabei soll der Bearbeiter das zuvor Gelesen noch einmal reflektieren und hinterfragen, um einen dauerhaften Lernerfolg erzielen zu können. Nach der Bearbeitung sollte der Verantwortliche für den Datenschutz, der Datenschutzbeauftragte oder ein Datenschutzkoordinator in einem Abschlussgespräch das Grundwissen über die Verarbeitungtätigkeiten der jeweiligen Unternehmung wiederholen und somit die Schulungsmaßnahme abrunden. Auftretende Fragen oder Problemstellungen können dabei im kleinen Rahmen geklärt werden.

Wissenstest

Personalnummer:
Vorname:
Name:
Abteilung:

A. Single Choice
Im ersten Teilabschnitt ist jeweils eine Antwortmöglichkeit pro Frage richtig.

A1. Wann trat die DSGVO in Kraft?

A) am 01.01.2017

B) am 30.03.2018

C) am 24.05.2016

D) am 01.07.2018

A2. Was schützt die DSGVO?

A) Unternehmen

B) Vereine

C) natürliche Personen

D) Tiere

A3. Welcher Begriff zählt nicht zur Gruppe der personenbezogenen Daten?

A) Name

B) Anschrift

C) Außentemperatur

D) Kundennummer

A4. Welcher dieser vier Punkte zählt nicht zu den sensiblen Daten, welche einem besonderen Schutz unterliegen?

A) Religion

B) Krankheit

C) Gewerkschaftszugehörigkeit

D) IP-Adresse

A5. Wer zählt generell als Verarbeiter von personenbezogenen Daten?

A) Reinigungsangestellte

B) Lohnbuchhalter

C) alle Angestellten

D) Hausmeister

A6. Müssen auch Vereine die Richtlinien und Vorgaben der DSGVO beachten?

A) Nein, sind generell ausgenommen

B) Ja, aber nur Fußballvereine

C) Nein, da Vereine keinen Umsatz generieren

D) Ja, Vereine sind mit Unternehmen gleichzustellen

A7. Was muss ich mit einem externen Dienstleister oder Subunternehmer nach § 28 DSGVO abschließen, sofern er personenbezogene Daten meiner Unternehmung verarbeitet?

A) Auftragsverarbeitungsvertrag

B) Geheimhaltungsvereinbarung

C) Schriftlicher Wartungsvertrag

D) nichts

A8. Welche Regel gilt allgemein bei der Bestellung eines Datenschutzbeauftragten?

A) 5-Personen-Regel

B) 10-Personen-Regel

C) 50-Personen-Regel

D) ab 100-Personen-Regel

A9. Darf ein zuverlässiger, leicht erreichbarer Mitarbeiter aus der Einkaufsabteilung den Posten des betrieblichen Datenschutzbeauftragten ausüben?

A) Ja, auch ohne Fachkenntnis

B) Ja, wenn er die nötige Fachkenntnis besitzt (Schulung, Weiterbildung, Zertifizierung, ...)

C) Nein, nur der Geschäftsführer

D) Nein

A10. Innerhalb welcher Zeit nach Kenntniserlangung muss eine Datenpanne gemeldet werden?

A) innerhalb 24 Stunden

B) innerhalb 72 Stunden

C) innerhalb 7 Tage

D) innerhalb 1 Monat

A11. Was ist das sicherste Passwort dieser Auswahl?

A) Hund

B) Thomas

C) MHhTui10Ja!#18

D) Test123

A12. Was sind TOM´s?

A) Tätigkeiten ohne Maßnahmenergreifung

B) technisch-organisatorische Maßnahmen

C) Technisch-orientierte Maßnahmen

D) Tätigkeiten von Thomas

A13. Was machen Sie mit Kundendaten, die Sie nicht mehr benötigen?

A) in die Cloud laden

B) löschen

C) mit einem Passwort versehen

D) Nur am Desktop abspeichern

B. Multiple Choice Im Teilabschnitt zwei können mehrere Antwortmöglichkeiten pro Frage richtig sein. Beachten Sie auch, dass es Fragen gibt, bei denen keine Antwort zutreffend ist.

B1. Wo können Rechtmäßigkeiten in Bezug auf Datenschutz verankert sein?

A) in der DSGVO

B) im BDSG

C) in Betriebsvereinbarungen

D) in Dienstvereinbarungen

B2. Was gehört nicht zu den Betroffenenrechte?

A) Recht auf Auskunft

B) Recht auf Änderung

C) Recht auf Information

D) Recht auf Löschung

B3. Wohin kann sich ein Betroffener wenden, wenn seiner Meinung nach seine personenbezogenen Daten missbraucht werden?

A) an den Datenschutzbeauftragten

B) an das Gewerbeaufsichtsamt

C) an die zuständige Stelle

D) an das örtliche Postamt

B4. Wer gilt bei einem Unternehmen generell nicht als Ansprechpartner, wenn man Betroffener eines Datenmissbrauches ist?

A) der zuständige Datenschutzbeauftragte

B) die zuständige Stelle

C) der Verantwortliche für Datenschutz

D) das zuständige Landratsamt

B5. Was ist keine Eigenschaft des Datenschutzbeauftragten?

A) gewisses Maß an Zuverlässigkeit und Gewissenhaftigkeit

B) Fachkenntnis in Bezug auf DSGVO und BDSG-neu

C) er ist nicht weisungsgebunden

D) er ist der verantwortliche IT-Administrator für die Datenverarbeitung

B6. Wer kontrolliert unter anderem die Einhaltung des Datenschutzes in einem Unternehmen?

A) der Datenschutzbeauftragte

B) die Berufsgenossenschaft

C) das Arbeitsamt

D) die Personalabteilung

B7. Was trifft auf ein sicheres Passwort zu?

A) es enthält Zahlen und Sonderzeichen

B) regelmäßige Änderung

C) Weniger als 5 Stellen

D) es sind nur Buchstaben enthalten

B8. Was sollte in einem Verfahrensverzeichnis erwähnt werden?

A) Beschreibung des Verarbeitungszwecks

B) TOM´s

C) Durchschnittsalter des Bearbeiters

D) Verantwortlicher für die Verarbeitung

B9. Wozu dient ein Verfahrensverzeichnis?

A) Zur Selbstkontrolle

B) Zur Ablegung der Rechenschaftspflicht

C) Zur Preisminderung des Unternehmens

D) Zur Umsatzsteigerung

B10. Was zählt zu den TOM´s?

A) Mitarbeiterunterweisung/-schulung

B) Verschlüsselungen

C) Firewall

D) privater Mobilfunkvertrag

B11. Welche Vorkehrungen sollten Sie in Bezug auf Datenschutz treffen, wenn Sie Ihren Arbeitsplatz verlassen?

A) Die Kaffeetasse wegräumen

B) Am System abmelden bzw. Benutzer sperren, um Unbefugten keinen Einblick zu gewähren

C) Ersichtliche Rechnungen und Aufträge, an denen man arbeitet, wegräumen bzw. verschlossen aufbewahren

D) Es sind keine Vorkehrungen zu treffen.

C. Situationsbezogene Fragen Im letzten Teilabschnitt werden einige Beispiel-situationen aus dem Berufsalltag geschildert, die Sie anschließend mit einer ge-schlossenen Fragestellung beantworten können sollten.

Situation C1:

Sie sind Verkaufsmitarbeiter in einem Autohaus. Ein Kunde findet Gefallen an ei-nem Ihrer Gebrauchtwagen und vereinbart mit Ihnen eine Probefahrt. Sie erheben sämtliche relevante Daten für die Probefahrt. Nach der Probefahrt entschließt sich der Kunde gegen den Kauf des Fahrzeuges und teilt Ihnen mit, er werde in abseh-barer Zeit kein Auto kaufen wollen. **Ist es rechtswidrig, dem Kunden darauf-hin Werbung zuzusenden?**

A) JA, es ist rechtswidrig, da er keinerlei Einwilligung zur Zusendung von Wer-bung bestätigt hat.

B) NEIN, es ist nicht rechtswidrig, da ich als Verkäufer hohe Prämien bekom-me, wenn ich doch einen Wagen verkaufe.

Situation C2:

Sie sind Personalangestellter und sollen zum 1. Dezember einen neuen Ser-vice-Mitarbeiter einstellen. Das Bewerbungsverfahren läuft hingegen aller Erwar-tungen sehr gut und Sie erhalten mehr als 100 Bewerbungen für die eine Stelle, die Sie ausgeschrieben haben. Nach dem Treffen der engeren Auswahl und den Bewerbungsgesprächen einigen Sie sich gemeinsam mit der Geschäftsführung darauf, dass Sie zu einem späteren Zeitpunkt einen weiteren Service-Mitarbeiter einstellen werden. **Dürfen Sie sich dafür entscheiden, die Bewerbungs-unterlagen zu behalten, obwohl Sie den Bewerbern bereits eine Ab-sage erteilt haben?**

A) JA

B) NEIN, da das Bewerbungsverfahren abgeschlossen ist. Nach der Ein-stellung des gesuchten Mitarbeiters sind die personenbezogenen Daten der Bewerber zu löschen und ggf. zurückzusenden. Darüber hinaus liegt Ihnen keine Einwilligung zugrunde, dass Sie weiterhin die Bewerberdaten verarbei-ten dürfen.

Situation C3:

Sie sind Angestellter der Musterfirma GmbH und stehen im Streit mit Ihrem Vorgesetzten. Nach einer Lappalie entscheiden Sie sich zum nächstmöglichen Zeitpunkt zu kündigen und eine Weiterbildung zum Techniker zu absolvieren. Nach Beendigung des Arbeitsverhältnisses und dem Beginn der Weiterbildung entscheiden Sie sich bei der Konkurrenz der Musterfirma GmbH einen Ferienjob anzunehmen.Ihr neuer Vorgesetzter ist Ihnen sympathisch und Sie denken sich, dass ihn die alten Gegebenheiten bei der Musterfirma GmbH interessieren könnten und Sie erzählen ihm im Detail all Ihre Aufgaben, Tätigkeiten und die Gegebenheiten bei der Musterfirma GmbH. **Gilt dieses Verhalten als widerrechtlich, wenn von der Musterfirma GmbH mit Ihnen eine Vereinbarung der Vertraulichkeit & Geheimhaltung nach §5 BDSG geschlossen wurde?**

A) JA, es ist widerrechtlich, da diese Vereinbarung auch nach Beendigung des Arbeitsverhältnisses fortbesteht.

B) NEIN, sobald das Arbeitsverhältnis bei der Musterfirma GmbH beendet ist, kann ich Datengeheimnisse weitergeben.

Situation C4:

Sie sind Empfangsdame bei der Firma Mustershop. Ihr Hauptgeschäft sind Restpostenartikel, die nur kurz gelagert und schnell wieder verkauft werden sollen. Daher bietet es sich an, Ihren Kunden Newsletter mit den aktuellsten Angeboten zuzusenden. Sie versenden im Schnitt täglich drei Newsletter an Kunden, die eingewilligt haben, Werbung an die hinterlegte Mailadresse von Ihnen zu erhalten. Eines Tages schlägt ein Kunde bei Ihnen vor Ort auf und verlangt sofort von Ihnen, dass Sie seine Daten löschen.**Wie reagieren Sie?**

A) Ich nehme mich der Sache an, kontaktiere den Datenschutzbeauftragten und veranlasse eine sofortige Löschung seiner Daten.

B) Ich gebe dem Kunden klar zu verstehen, dass er nicht die Rechte besitze, seine Daten löschen zu lassen. Zudem verdeutliche ich Ihm, dass er seine damalige Einwilligung nicht widerrufen kann.

Mit Ihrer Unterschrift bestätigen Sie, dass Sie den Lern- bzw. Arbeitsteil selbständig und ohne Hilfe Dritter ausgefüllt haben. Ihre angegebenen personenbezogenen Daten dienen lediglich dem Abgleich, dass eine Grundunterweisung in Bezug auf Datenschutz und die rechtlichen Gegebenheiten erfolgt ist.

_____   _____
Datum   Unterschrift des Bearbeiters

Vom Verantwortlichen für Datenschutz bzw. dem Datenschutzbeauftragten auszufüllen und zu erledigen:
☐ Die Korrektur ist erfolgt
☐ Eine Nachbesprechung ist erfolgt
☐ Eine tiefgründigere, detailreichere Unterweisung soll bzw. muss in folgenden Teilgebieten erfolgen:

_____

_____

_____

Sonstige Auffälligkeiten wurden festgestellt:

_____

_____

_____

_____

_____

_____   _____
Datum   Verantwortlicher für Datenschutz/Datenschutzbeauftragter

Die DATAING GmbH
Firmenprofil, Tätigkeitsfelder und Intensionen

Zur Gründung der DATAING GmbH wirkten mehrere Faktoren zusammen. Während der Umsetzungsphase der DSGVO nahm das Interesse an Dienstleistungen im Bereich Datenschutz kontinuierlich zu. Insbesondere die Nachfrage nach externen Datenschutzbeauftragten stieg stetig an. Das Gesetz schreibt beispielsweise vor, dass man ab 10 Personen, die regelmäßig und systematisch personenbezogene Daten verarbeiten, einen Datenschutzbeauftragten bestellen muss. Diese Anforderung kann zwar auch intern erfüllt werden, jedoch muss man bei der Wahl der internen Lösung beachten, dass man hierbei einen Mitarbeiter auserkoren muss, der nicht im Interessenskonflikt mit den Datenverarbeitungen steht. Das bedeutet, dass der Mitarbeiter nicht direkt im Verarbeitungsprozess der Personalabteilung, der IT oder der Geschäftsleitung integriert sein darf. Des Weiteren muss der Mitarbeiter die nötige Zuverlässigkeit und genügend Fachkenntnis in Bezug auf die DSGVO und BDSG vorweisen. Hierbei können zusätzliche Kosten für Seminare und Weiterbildungen entstehen. Fertig ausgebildet ist der interne Datenschutzbeauftragte berechtigt, das Amt des Datenschutzbeauftragten auszuüben. Er ist dabei direkt dem Geschäftsführer zu unterstellen, er ist nicht weisungsgebunden und ihm steht ein besonderer Kündigungsschutz zu. Vor allem letzteres bewegte viele Unternehmer dazu,

"Zur richtigen Zeit, das Richtige richtig tun!"

die Dienstleistung outzusourcen und einen externen Datenschutzbeauftragten mit einer vertraglich geregelten Laufzeit zu buchen. Diese Dienstleistung ist mittlerweile zum Hauptgeschäftsfeld der DATAING GmbH geworden. Der Hauptstandort der DATAING GmbH befindet sich im oberbayrischen Traunreut, das in der Nähe des Chiemsees liegt. Bereits schon in der Aufbauphase des Unternehmens erfolgten mehrere Schulungsabende rund um das Thema Datenschutz, durch die die DATAING GmbH in der Region rund um den Chiemsee schnell an Bekanntheit zunahm.

Als innovatives Startup konnte das Unternehmen nicht nur viele Beratungskunden für sich gewinnen, sondern verankerte auch seinen Ruf als Hauptansprechpartner für Datenschutz im Chiemgau. Schon nach den ersten Wochen wuchs das Unternehmen zu einer renommierten GmbH heran und konnte neben den zahlreichen KMU's mittlerweile auch Konzernkunden zu seinem Kundenstamm zählen. Da man bei der DATAING GmbH stets danach strebt, den Ansprüchen seiner Kunden mehr als gerecht zu werden, werden Aspekte wie Weiterbildung und Optimierung eine hohe Priorität zugewiesen. So konnte das Unternehmen schon nach kurzer Zeit sein Tätigkeitsfeld um Dienstleistungen im Bereich Prozessanalyse und Projektmanagement erweitern. Die Datenschutzbeauftragten der DATAING GmbH sind vermehrt im industriellen Bereich tätig gewesen und kennen nicht nur die Abläufe und Prozesse in Konzernen, sondern auch die Strukturen und Gegebenheiten der Digitalisierung, Technologisierung und Automatisierung. Diese Erfahrungen kommen ihnen nicht nur bei der Erstellung des Verfahrensverzeichnisses nach DSGVO zu Gute, sondern auch bei der Betreuung von Projekten und Prozessabläufen des Klein- und Mittelstandes. Dies könnte beispielsweise so aussehen, dass Sie sich in Hinblick auf Ihre Steuerungsprojekte von der DATAING GmbH betreuen und beraten lassen. Zusätzlich bietet die DATAING GmbH den Service an, Ihre Projekte nach dem aktuellen Stand der Technik zu optimieren, zu archivieren und zu warten. Nachdem sich mittlerweile nicht nur viele Unternehmungen, sondern auch zahlreiche Privatpersonen mit Fragen rund um das Thema Datenschutz an uns wenden, blicken wir voller Zuversicht in die Zukunft. Zum Jahreswechsel 2018/19 plant die DATAING GmbH, neben der Veröffentlichung dieses Arbeitsbuches, sein Firmenportfolio um eine weitere Dienstleistung zu erweitern, die IT-Notfallplanung. Dabei sollen Unternehmen auf den Ausfall der IT-/EDV-Landschaft vorbereitet werden, indem Mitarbeiter gezielt über dieses Thema geschult werden, um im Ernstfall richtig reagieren zu können.

Wir haben Ihre Daten im Blick!

Lösungen
Wissenstest

A1.	C	**B1.**	A, B, C, D	**C1.**	A
A2.	C	**B2.**	-	**C2.**	B
A3.	C	**B3.**	A, C	**C3.**	A
A4.	D	**B4.**	D	**C4.**	A
A5.	B	**B5.**	D		
A6.	D	**B6.**	A		
A7.	A	**B7.**	A, B		
A8.	B	**B8.**	A, B, D		
A9.	B	**B9.**	A, B		
A10.	B	**B10.**	A, B, C		
A11.	C	**B11.**	B, C		
A12.	B				
A13.	B				